Impresión y editorial: BoD – Books on Demand
info@bod.com.es - www.bod.com.es
Impreso en Alemania – Printed in Germany
ISBN: 9788411741170

HARRY

y tú

A FAN BOOK

HAY ARTISTAS QUE NOS LLEGAN DE TAL MANERA QUE ENTRAN EN NUESTRAS VIDAS Y SE QUEDAN EN ELLAS COMO SI FUERAN PARTE DE NUESTRA FAMILIA.

ARTISTAS QUE PONEN LA BANDA SONORA A NUESTROS MEJORES Y PEORES MOMENTOS, QUE NOS ACOMPAÑAN Y ACONSEJAN, QUE NOS HACEN SENTIR QUE ESTAMOS CERCA DE ELLOS.

HARRY STYLES ES UNO DE ELLOS.

FORMA PARTE DE TU VIDA Y DE TUS RECUERDOS, DE TUS ILUSIONES Y FRUSTRACIONES. ES COMO UN AMIGO QUE SIEMPRE ESTA AHÍ.

ESTE LIBRO ES VUESTRO LIBRO.

HARRY Y TÚ. FOREVER.

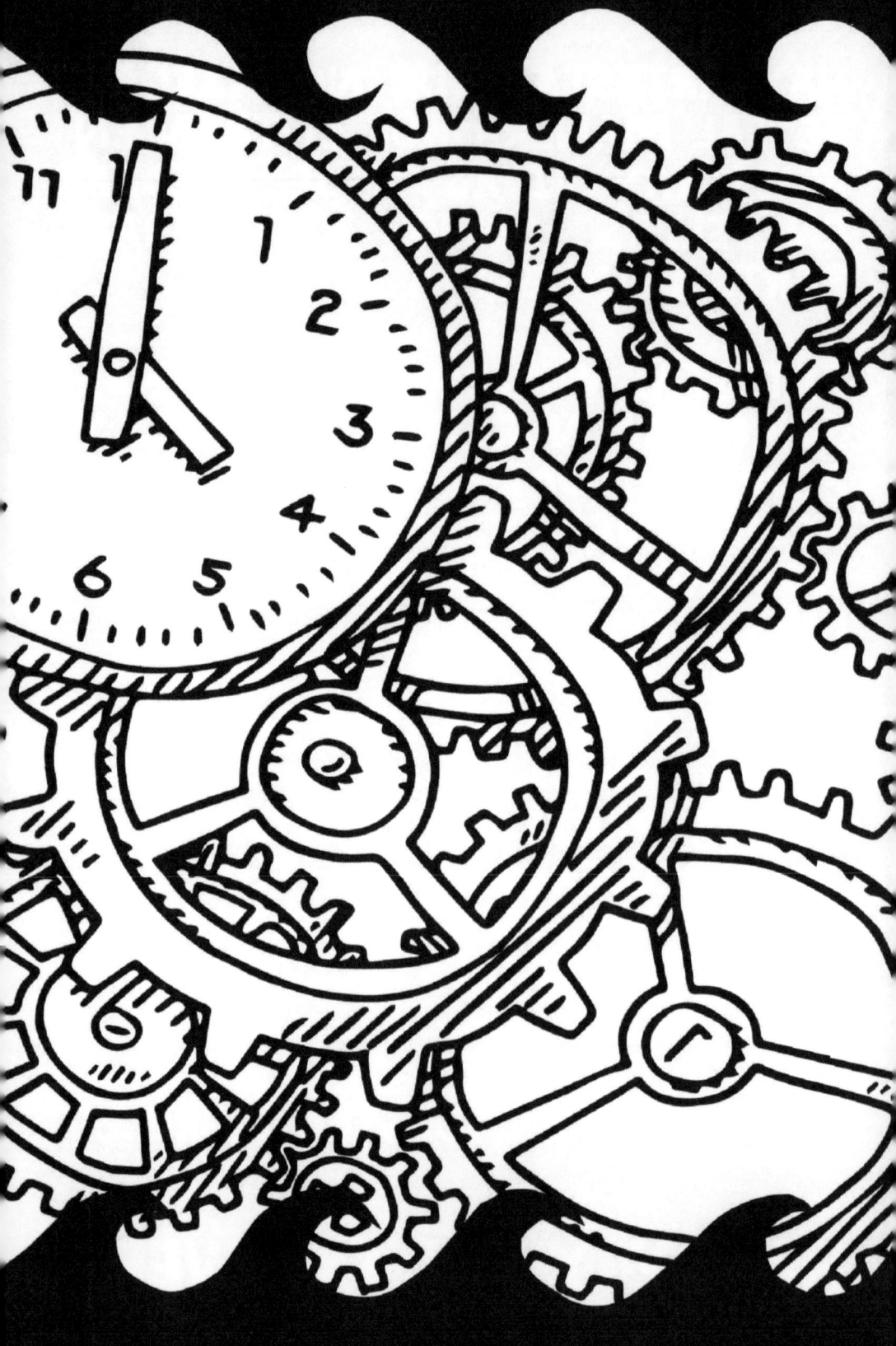

¿CUÁNDO ESCUCHASTE A HARRY STYLES POR PRIMERA VEZ? ¿QUÉ RECUERDAS DE AQUEL DÍA?

¿QUÉ CANCIÓN SUYA TE PONES PARA SUBIRTE LA MORAL? ¿Y QUÉ ESTROFA EN CONCRETO TE DA SUBIDÓN?

¿QUÉ CANCIÓN DEDICARIAS A TU
CRUSH? ¿POR QUÉ ESA CANCIÓN?

¿QUÉ PREFERIRÍAS? ¿TENER A HARRY DE VECINO O TENER UN PASE VIP PARA TODOS SUS CONCIERTOS?

What am I now?
What am I now?
What if I'm someone
I don't want around?
I'm falling again,
I'm falling again, I'm falling
What if I'm down?
What if I'm out?
What if I'm someone you
won't talk about?
I'm falling again,
I'm falling again, I'm falling
And I get the feeling that you'll
never need me again

Harry Styles

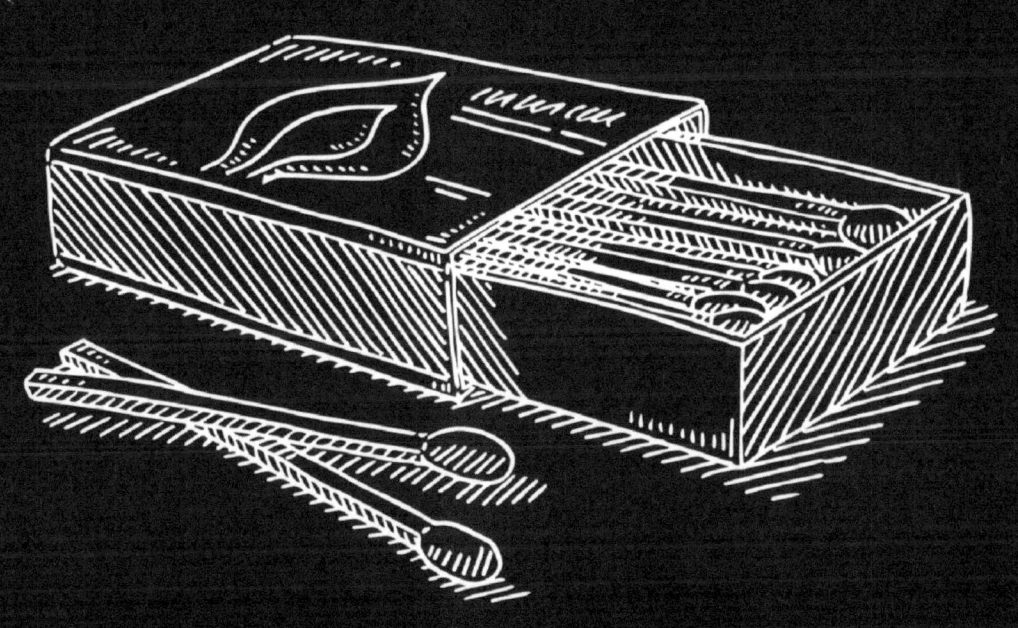

¿QUÉ TRES PREGUNTAS LE HARÍAS?

¿TE GUSTARÍA QUE ONE DIRECTION VOLVIERAN A JUNTARSE? ¿POR QUÉ SÍ O POR QUÉ NO?

¿CREES EN "LARRY STYLINSON"?

¿CUÁL HA SIDO LA PAREJA SENTIMENTAL DE HARRY QUE MÁS TE HA GUSTADO? ¿Y CON QUIÉN TE GUSTARÍA VERLE EN PAREJA?

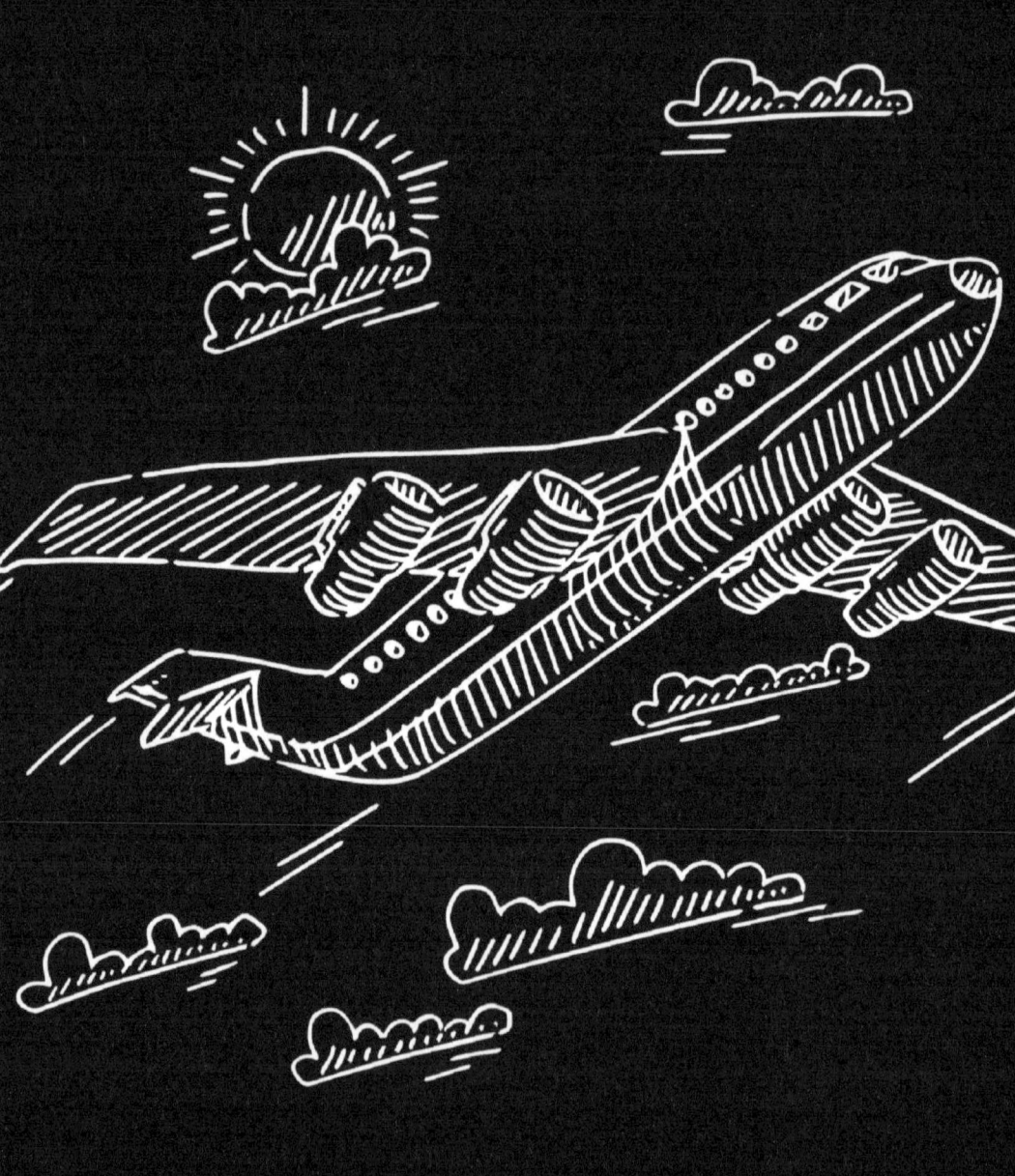

¿DÓNDE TE IRÍAS DE VIAJE CON ÉL? ¿Y POR QUÉ A ESE DESTINO?

¿A QUIÉN DEDICARÍAS ESTAS CANCIONES Y POR QUÉ?

AS IT WAS

WATERMELON SUGAR

ADORE YOU

STORY OF MY LIFE

¿CUÁL ES EL MEJOR CONCIERTO SUYO AL QUE HAS IDO Y/O CUÁL SERÍA TU CONCIERTO SOÑADO?

¿QUÉ CANCIÓN DE OTRO ARTISTA LE DEDICARÍAS? ESCRÍBELA:

¿CUÁL DE SUS CANCIONES
ESCOGERÍAS PARA DECIRLE ADIÓS
A ALGUIEN ESPECIAL? ¿Y POR QUÉ?

¿Y QUÉ CANCIÓN ESCOGERÍAS PARA UN DÍA COMO HOY? ¿POR QUÉ?

Just stop your crying
It's a sign of the times
We gotta get away
from here
We gotta get away
from here
Stop your crying
Baby, it'll be alright
They told me that
the end is near
We gotta get away
from here

Harry Styles

¿CUÁL ES LA CANCIÓN SUYA QUE MENOS TE GUSTA? ¿POR QUÉ?

¿CUÁL CREES QUE HA SIDO SU MEJOR ÁLBUM HASTA AHORA? ¿POR QUÉ?

¿CON QUÉ OTRO ARTISTA MUSICAL TE GUSTARÍA QUE COLABORARA?

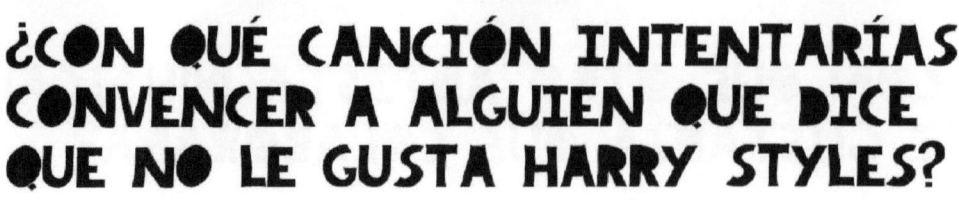

¿CON QUÉ CANCIÓN INTENTARÍAS CONVENCER A ALGUIEN QUE DICE QUE NO LE GUSTA HARRY STYLES?

¿QUÉ CANCIÓN DE OTRO ARTISTA TE GUSTARÍA QUE VERSIONEARA? ¿POR QUÉ?

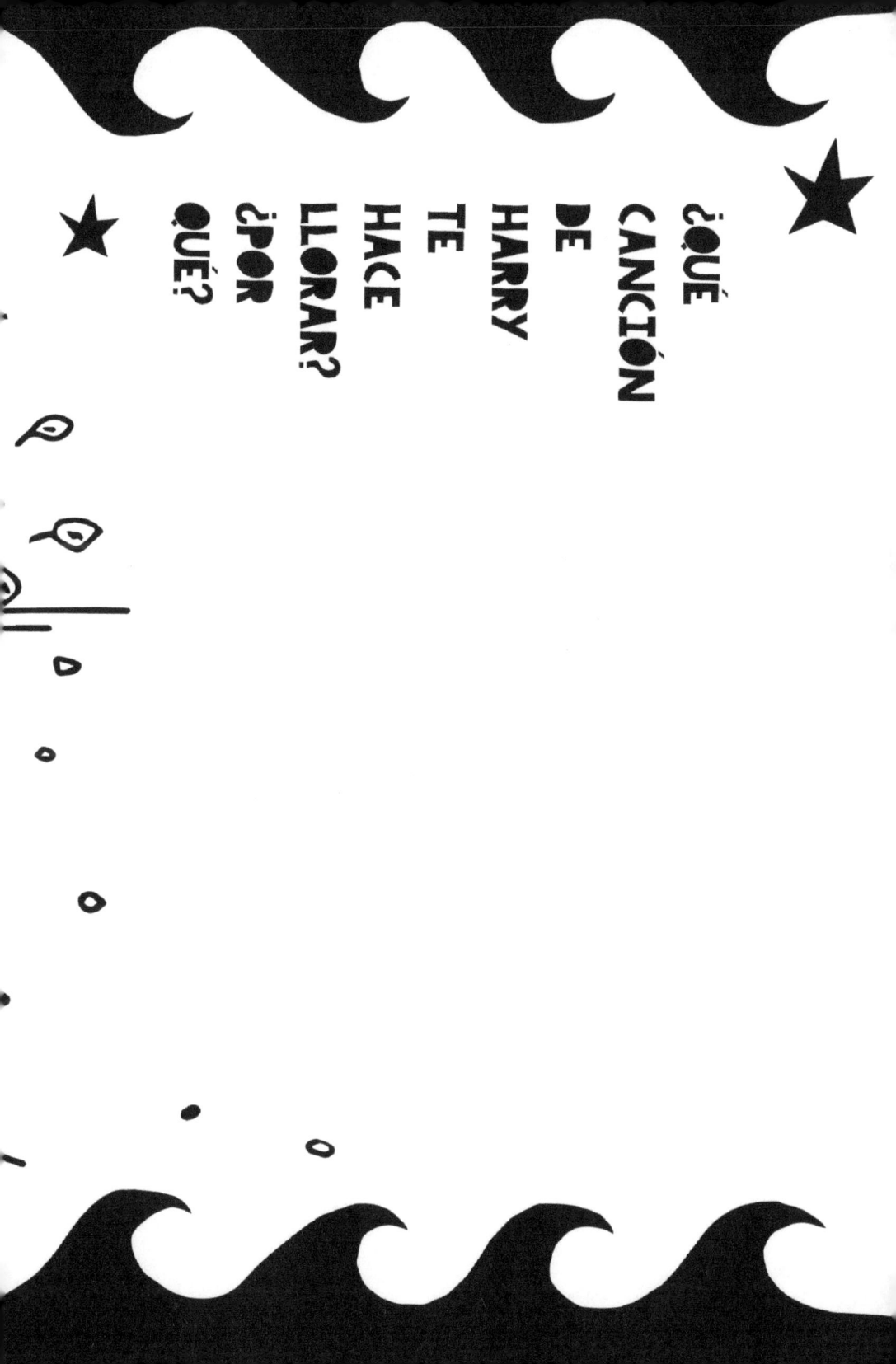

¿QUÉ
CANCIÓN
DE
HARRY
TE
HACE
LLORAR?
¿POR
QUÉ?

¿QUÉ DÍAS O MOMENTOS TE VIENEN A LA CABEZA CON ESTAS CANCIONES?

WHAT MAKES
YOU BEAUTIFUL

SIGN OF THE TIMES

FROM THE DINING TABLE

FALLING

You don't have to say
you love me
You don't have to say nothing
You don't have to say
you're mine
Honey (ah)
I'd walk through fire for you
Just let me adore you
Oh, honey (ah)
I'd walk through fire for you
Just let me adore you
Like it's the only thing
I'll ever do
Like it's the only thing
I'll ever do

Harry Styles

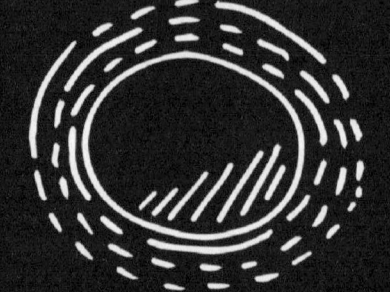

¿QUÉ SIGNIFICA HARRY STYLES PARA TI Y QUÉ EFECTO HA TENIDO EN TU VIDA?

¿QUÉ VIAJE TUVO DE BANDA SONORA LAS CANCIONES DE HARRY STYLES?

SI HARRY HUBIESE FORMADO PARTE DE TU VIDA SEGURAMENTE HUBIERA SIDO:

TU NOVIO ☐

TU HERMANO ☐

TU MEJOR AMIGO ☐

TU PROFESOR ☐

TU GURÚ ☐

TU PADRE ☐

TU _____ ☐

¿QUÉ LE DIRÍAS SI TE LO ENCONTRARAS EN LA CALLE?

¿QUÉ LE COCINARÍAS SI LE INVITARAS A CENAR A TU CASA?

Tastes like strawberries
On a summer evenin'
And it sounds just like a
song
I want more berries
And that summer feelin'
It's so wonderful and warm
Breathe me in
Breathe me out
I don't know if I could ever
go without
I'm just thinking out loud
I don't know if I could ever
go without.

Harry Styles

¿CUÁL ES TU VÍDEO DE HARRY STYLES FAVORITO? ¿POR QUÉ?

¿CUÁL ES EL LOOK DE HARRY QUE MÁS TE GUSTA?

¿QUÉ CANCIÓN TE GUSTARÍA QUE TE DEDICARAN?

¿QUÉ CANCIÓN DE HARRY TE PONES PARA BAILAR?

¿CUÁL ES TU TATTOO FAVORITO DE HARRY? ¿Y QUÉ TE GUSTARÍA QUE SE TATUARA?

¿TE ATREVES A DIBUJAR EL TATTOO?

¿QUÉ CANCIÓN DE HARRY SIENTES COMO SI LA HUBIESE ESCRITO PARA TI? ¿POR QUÉ?

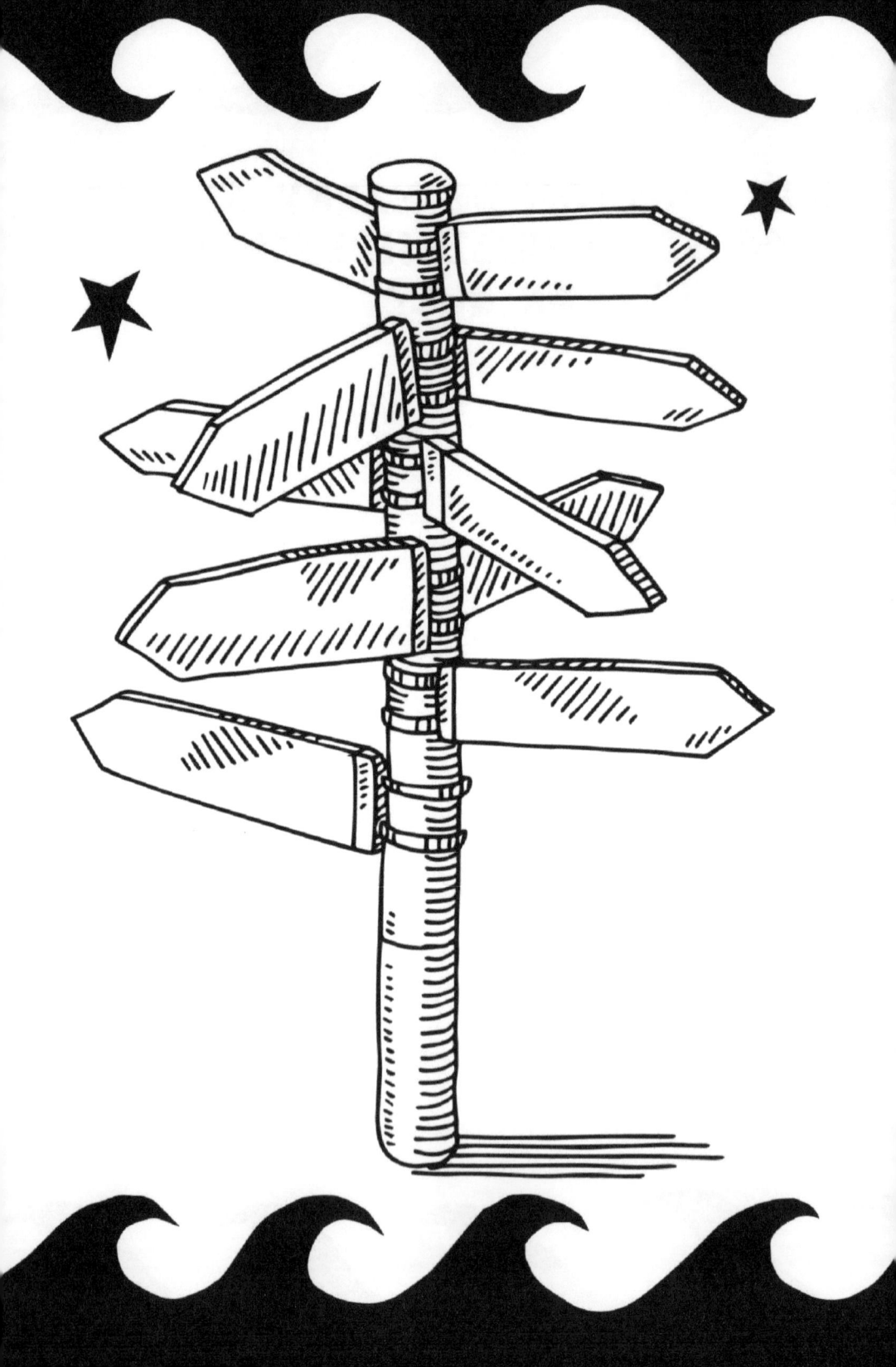

¿QUÉ CONSEJO (O TROZO DE CAN-
CIÓN) CREES QUE TE DARÍA HARRY
EN RELACIÓN A LO QUE MÁS TE
PREOCUPA HOY DÍA?

Tastes like strawberries
On a summer evenin'
And it sounds just like a
song
I want more berries
And that summer feelin'
It's so wonderful and warm
Breathe me in
Breathe me out
I don't know if I could ever
go without
I'm just thinking out loud
I don't know if I could ever
go without.

Harry Styles

Harry Styles

HARRY STYLES

ORDER #0024
CASHIER: HARRY
MAY 12, 2017 00:00

MEET ME IN THE HALLWAY	3:47
SIGN OF THE TIMES	5:41
CAROLINA	3:10
TWO GHOSTS	3:50
SWEET CREATURE	3:45
ONLY ANGEL	4:51
KIWI	2:56
EVER SINCE NEW YORK	4:13
WOMAN	4:39
FROM THE DINING TABLE	3:32

ITEM COUNT	
TOTAL	10
	40:23

CARD #: XXXXXXXXXX4597
AUTH CODE: 637901

5 012345 678900